QUESTIONS DU JOUR

APPEL
AUX
HOMMES DE BIEN

PAR

LÉON GAUTIER

2e Édition, revue et corrigée.

PARIS
LIBRAIRIE DE LA SOCIÉTÉ BIBLIOGRAPHIQUE
75, RUE DU BAC, 75
1873

APPEL
AUX
HOMMES DE BIEN

SAINT-QUENTIN. — IMPRIMERIE JULES MOUREAU.

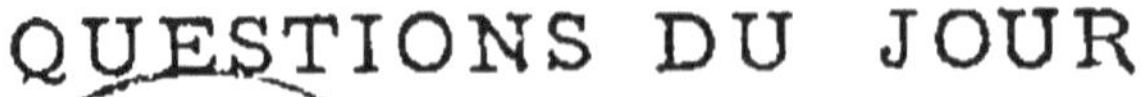

QUESTIONS DU JOUR

APPEL
AUX
HOMMES DE BIEN

PAR

LÉON GAUTIER

2e Édition, revue et corrigée.

PARIS

LIBRAIRIE DE LA SOCIÉTÉ BIBLIOGRAPHIQUE

75, RUE DU BAC, 75

1873

APPEL

AUX

AUX HOMMES DE BIEN.

> Que Dieu nous préserve surtout
> de l'inaction des gens de bien.

I

Il y a quelques jours, un homme d'État, dont il serait fort inutile de prononcer le nom, rencontrait un de nos meilleurs publicistes, un de ceux qui ne craignent pas d'aimer l'Église d'un vigoureux amour : « Eh quoi ! lui disait-il avec un sourire qui cachait mal un très-profond dédain, vous êtes catholique ! Je le suis comme vous, mais à l'église et durant la messe seulement. Hors de là, sachez bien et n'oubliez jamais que les Catholiques ne sont rien, — rien, — rien. Non, vous n'êtes pas une force, vous n'êtes même pas un parti : tout au plus méritez-vous le nom de groupe. Êtes-vous cinq cents? n'ètes-vous que cinquante? Je n'en sais rien et n'en veux rien savoir. Croyez bien, d'ailleurs, que personne en Europe ne daigne s'en préoccuper. Allez, et que cela vous serve de leçon. »

Et cet habile homme ajoutait : « Encore, si vous saviez vous mettre d'accord ! Mais vous êtes une sorte de petite république sans concorde et sans unité, divisée en vingt petites sectes rageuses qui s'insultent et se dévorent. Décidément, vous n'êtes rien, et vous ne serez rien. L'Avenir est ailleurs. »

Ce langage, nous l'avons déjà entendu plus de vingt fois. C'est l'opinion courante, à laquelle se rallient volontiers les « politiques » et les gens d'esprit. Dussions-nous passer pour téméraire, nous venons nous inscrire et protester contre elle.

Que penserait-on d'un statisticien qui ne compterait qu'un soldat par régiment, parce qu'un seul soldat y porte l'étendard, symbole de la Patrie et centre de la bataille? Si l'homme d'État, auquel nous avons donné la parole, trouve les catholiques si peu nombreux, c'est que dans notre armée il n'a vu que les porte-drapeaux.

En réalité, nous sommes une armée, nous sommes un peuple immense. Sachons nous compter.

Nous ne parlons pas ici des nomenclatures officielles qui, fort approximativement, portent à cent cinquante millions le nombre des catholiques répandus sur toute la surface de la terre; car nous n'ignorons pas que certains veulent en déduire le chiffre des « solidaires. » Accordons-leur tout ce qu'ils demandent, oui, tout ce que la Science et l'Observation constatent. Admettons qu'il y a parmi nous des milliers, des cents milliers de révoltés. Il est trop certain, hélas! que l'Athée était, il y a vingt ou trente ans, un monstre très-justement mis au ban de l'humanité tout entière: il n'est pas moins certain qu'aujourd'hui il pullule effroyablement et sans scandaliser personne. Il nous a été donné d'assister à ce « progrès ».... comme à bien d'autres.

La race chrétienne n'en est pas moins, au point de vue le plus scientifique, celle où se trouvent le plus harmonieusement combinées et fondues ces deux choses augustes, le Nombre et l'Intelligence. Quel esprit sérieux oserait nous opposer ces fameux millions de bouddhistes? Est-ce que la Civilisation, est-ce que la Lumière et la Vie sont de ce côté? Le nombre, sans l'intelligence, n'est qu'une puissance brutale.

Mais le nombre des Catholiques est beaucoup plus vaste que ne semblent l'indiquer ces chiffres morts fournis par des statistiques sans discernement. Dans la grande lutte qui s'engage aujourd'hui entre l'Affirmation et le Doute, entre l'Ordre et le Désordre, entre le Oui et le Non, vingt armées sont derrière la nôtre, vingt armées qui combattent pour nous.

A nous, c'est à nous qu'appartient rigoureusement tout ce qu'il y a dans le monde de vérités naturelles et de vérités traditionnelles. Elles sont à nous par droit de naissance. Elles sont à nous parce que nous acceptons toutes les données légitimes de la raison et de la conscience ; parce que nous admettons avec joie que les traditions originelles ont laissé des traces profondes dans toutes les religions, chez tous les peuples. Leurs témoignages sont à nous.

A nous, c'est à nous qu'appartient tout ce qui se pense, se dit, s'écrit et se fait en faveur d'un de ces trois termes de toute vérité : Dieu, Jésus-Christ, l'Église. Quand le protestant défend sincèrement la divinité de Jésus, nous pouvons accepter son témoignage. Et, de même, quand le juif ou le théiste défendent sincèrement l'existence et les attributs de Dieu. Leurs arguments sont à nous.

A nous encore, c'est à nous qu'appartient la nombreuse armée des conservateurs, de tous ceux qui, sans oublier jamais le *nova sint omnia,* aspirent loyalement à voir ici-bas triompher la Hiérarchie, le Respect, le Devoir, la Paix, l'Ordre. Leurs aspirations sont à nous.

Mais sans avoir besoin d'aller jusque-là et à ne considérer que les catholiques « proprement dits » nous formons encore une armée incomparable et qui défie pacifiquement toute autre force sociale.

Et, tout d'abord, nous sommes la plus disciplinée de toutes les sociétés. Oui, à une époque où tout respect s'effondre, nous gardons obstinément le culte de l'obéissance. Nous ne vivons que par là, et nous cesserions d'être catholiques demain si nous cessions d'être disciplinés aujourd'hui. Nous avons un Chef suprême devant lequel nous nous inclinons sans nous abaisser, et nos adversaires s'étonnent eux-mêmes de la rapidité de notre obéissance et des profondeurs de notre amour. Nous avons notre pape, nos évêques, nos prêtres. Nous possédons l'Église, le diocèse, la paroisse, triple hiérarchie qui répond à tout, qui suffit à tout. Loin, bien loin du domaine politique dont il ne saurait être question en ce moment, un cri, un seul cri du pape est immédiatement répercuté dans toutes les cathédrales du monde, et, de là, trouve un écho dans toutes les églises de la catholicité et jusque dans la plus petite des paroisses rurales. Groupés autour de la chaire de leurs prêtres, les paysans de la Bretagne et ceux de la république de l'Equateur, les catholiques de New York comme ceux de Paris, ceux de l'univers tout entier reçoivent en même temps cette parole sacrée, l'écoutent, l'acceptent, s'inclinent, obéissent et aiment. Et tout cela, dans le silence et dans la paix, sans secousse, sans effort, avec un admirable naturel et une simplicité absolue. Quelle puissance, grand Dieu, et, si nous le voulions, quelle incomparable puissance !

Nous avons, par une humilité mal entendue, pris des habitudes de minorité qui ne répondent point à cette puissance et à ces destinées de notre mère l'Église. Notre charité nous pousse à abdiquer sans cesse quand elle devrait nous décider à accepter de régner pour l'apaisement du monde et le triomphe de la justice. Relevons la tête, et régnons.

L'humilité ne consiste pas à refuser le pouvoir, mais à l'exercer sous le regard de Dieu, en nous méprisant nous-mêmes, et conformément aux grandes lois du Beau, du Vrai, du Bien.

Donc, nous sommes cent cinquante millions. Nous possédons l'universalité dans l'espace, puisqu'il y a des catholiques répandus dans toutes les parties du monde connu. Nous avons l'universalité dans le temps, puisque nous remontons très-aisément, par une suite de faits et de textes incontestables, jusqu'à la première origine du monde, et que notre histoire, de l'aveu même de la plupart de nos adversaires, s'étend facilement de Pie IX à Adam. Nos enfants, qui portent à leur front la trace royale du baptême, sont presque tous élevés par nos religieuses et par nos prêtres, en des écoles où brille le crucifix, où le catéchisme forme la base de l'enseignement, où la richesse des sacrements est abondamment communiquée aux âmes. Les catholiques sont la majorité du genre humain, une majorité compacte et très-énergiquement constituée, qui peut « arriver aux affaires » et gouverner le monde,

Et ils désespéreraient de l'avenir! Non pas.

Eh! sans doute, nous agissons. Mais il nous faut agir encore plus vigoureusement, avec une virilité, une largeur, une élévation, une universalité cent fois plus vives, cent fois plus efficaces et dignes enfin de cette grande « Ligue des gens de bien » que nous voulons fonder....

Après avoir dit quelques mots de l'étendue de notre force, je vais parler avec une liberté toute chrétienne des nécessités de notre action. Ce n'est pas avec un éloge banal que je veux ici m'arrêter devant chacune de nos œuvres catholiques. On sait assez ce que nous sommes : je dirai très-franchement ce que nous pourrions être. On sait ce que nous avons fait : je dirai ce qu'il nous reste à faire.

II

Tout d'abord réjouissons-nous. Le moment est excellent pour organiser à nouveau, pour régler, pour dilater notre action dans le monde. Partout éclatent les symptômes d'une admirable Renaissance catholique. Vingt œuvres nouvelles se fondent de toutes parts, qui prennent en quelques jours un admirable développement. Ce spectacle est fait pour consoler ceux d'entre nous qui n'ont pas assisté à cette première renaissance de 1840 dont nous avons tant de fois entendu parler et avec un enthousiasme si communicatif. Nous étions presque jaloux de leur bonheur passé. Quel moment, en effet, que celui où Lacordaire revêtait la robe blanche des Frères-prêcheurs et lançait à son siècle cette parole puissante, ce grand jet de lumière et de flamme qui a éclairé tant d'intelligences et échauffé tant de cœurs ; où quelques étudiants fondaient, dans une petite chambre du quartier Latin, cette Société de Saint-Vincent de Paul, la plus spontanée, la plus féconde, la plus noble peut-être de toutes les fondations catholiques ; où Montalembert préparait cette chère *Sainte Elisabeth de Hongrie*, œuvre aux parfums si délicats ;

où ce jeune et puissant orateur avait la magnifique audace, du haut d'une tribune qu'il ennoblissait pour toujours, de se proclamer ABSOLUMENT catholique ; où Châteaubriand jouissait, dans sa solitude, d'une gloire profitable à l'Église ; où De Maistre commençait à conquérir, au sein d'un public plus restreint et plus réfléchi, une popularité moins brillante et plus profonde ; où l'abbé Gerbet, au sommet de son talent, nous consolait de Lamennais tombé ; où celui qui devait être Louis Veuillot sortait de Rome, converti et radieux, et se préparait, contre les ennemis de l'Église, à cette vigoureuse campagne qui dure encore ; où M. Rio écrivait son premier volume de l'*Art chrétien* et où Flandrin, les yeux amoureusement fixés sur Raphaël, semblait déjà rêver ses incomparables Théories de Saint-Vincent de Paul. Encore un coup, quel moment ! Comme on s'élançait vers l'avenir ! Quelle vigueur, quel entrain, quelle naïveté d'espérance ! Jamais conquérants ne marchèrent d'un pas plus sûr à des victoires plus nécessaires et plus glorieuses. O nos frères de 1840, nous avions bien raison d'être jaloux de vous !

Eh bien ! voilà le spectacle que nous allons revoir, que déjà nous revoyons et que nous saluons du plus profond de notre cœur. Il ne faudrait pas toutefois que cette seconde renaissance surexcitât notre esprit et nous fît tomber dans les transports d'un zèle dangereux. En 1840, tout était à fonder : en 1872, tout est seulement à perfectionner. Gardons-nous, autant que possible, de fonder tous les matins une œuvre nouvelle. C'est le défaut de certains esprits, trop ardents ou trop jeunes ; mais c'est un défaut qui n'est point sans périls. Il est très-certain, qu'à peu d'exceptions près, nous possédons toutes les œuvres dont nous avons besoin. Contentons-nous de les réchauffer, de les raviver, de les parfaire. La besogne n'est pas indigne de nous.

Un autre danger, c'est l'amour des théories. Il n'est pas rare, au sein de nos réunions charitables et pieuses, de voir soudain se lever quelque honnête rêveur qui sous prétexte de généraliser une question, la rend absolument impraticable. Dans une Œuvre qui s'est donné pour objet de christianiser les lettres, on s'occupait, ces jours derniers, des moyens les plus pratiques pour arriver à un aussi désirable résultat. On parlait de créer immédiatement des Cours publics, des Conférences, des Bibliothèques. C'était fort bien. Déjà l'on choisissait les livres et l'on réglait les heures. Un membre demanda la parole et dit : « Avant de « rien faire, Messieurs, commençons par « régénérer la littérature. » Eh non ! c'est par là que nous prétendons, non pas commencer, mais finir. Ce n'est pas notre point de départ, mais notre but. Dans toutes nos assemblées, le Président devrait, avec une sévérité implacable, ôter la parole à tous ceux qui ne s'en servent point très-pratiquement. Le temps qui se perd en théories, en inutilités, en conversations oiseuses, est véritablement inouï. Il est excellent de se proposer toujours un but très-facile à atteindre, et surtout très-déterminé. Celui-là atteint, l'on passera à d'autres. Sur la porte de certains Comités, il faudrait écrire en très-grosses lettres : « ICI, ON NE FAIT PAS DE THÉORIES. »

III

Une fois dégagée de cet esprit d'innovation et de théorie à outrance, notre action devra s'exercer tout d'abord sur l'enfant. Car tout dépend de l'enfant, et, pour régénérer notre société corrompue, il faut compter sur les « petits » qui ont maintenant moins de dix, moins de cinq ans. Et encore !

La famille ici est plus puissante que toutes les œuvres : c'est à elle d'élever l'enfant avec une énergie qui seule nous peut sauver. Lorsqu'éclata la Révolution française, les enfants de la bourgeoisie et du peuple étaient généralement élevés avec une admirable sévérité. Ils étaient, dès le premier âge, habitués à la privation volontaire, au sacrifice d'eux-mêmes. On les formait à se taire (chose excellente, surtout en France); on les dressait au respect. Ils tremblaient devant l'autorité paternelle ;

mais cette crainte fort salutaire n'empêchait pas les pères d'être fort vivement aimés. Il n'était pas rare qu'à cinquante ans, un fils tremblât encore devant son père octogénaire, et le respect pour cette magistrature du foyer conduisait aisément les hommes à respecter les autres autorités. Le corps de l'enfant n'était pas, d'ailleurs, traité avec une dureté moins salutaire; les lits n'étaient pas garnis de plumes; notre éducation au sucre était chose à peu près inconnue ; on se levait avec le jour, parfois avant. C'était rude, je le veux bien ; mais aussi nous avions des hommes ; mais nous possédions, en France , une somme admirable de virilité. On ne s'en souvient pas assez : les guerres de la Révolution et de l'Empire ont été faites par des hommes qui avaient été élevés suivant ces principes, lesquels sont les principes chrétiens. Nous avons trop oublié le fameux mot : *Esto vir.* Nous pensons tous à donner à nos enfants le bonheur plutôt que la force. « Soyez heureux, » leur disons-nous. « Soyez des hommes, » disaient nos pères.

C'est donc à la famille, type de toute société humaine, ce n'est pas à nous qu'il appartient de faire cette première éducation des hommes de l'avenir. Mais nos Œuvres s'offrent bientôt aux regards du père et de la mère, et se proposent doucement pour les aider en cette tâche. Voici nos Crèches, nos Asiles, nos Patronages et nos Écoles. Il s'agit de les multiplier à l'infini. S'il y a dans l'histoire un axiome aussi évident que les axiomes mathématiques, c'est ce grand fait que l'Église a fondé presque toutes les écoles du monde entier. Oui, elle a inventé tous les alphabets, elle a illuminé toutes les intelligences, et l'accuser d'obscurantisme, ce n'est pas seulement faire preuve d'injustice, mais de folie. J'en appelle à tous ceux qui ont étudié de sang-froid l'histoire du moyen âge et celle des temps modernes. Il sera possible un jour, et ce jour n'est pas loin, de fixer la date exacte de la fondation de chaque école. La statistique, ce jour-là, justifiera l'Église. Car les écoles mêmes qu'elle n'a point fondées n'ont été ouvertes que grâce à sa charitable et puissante initiative. Pas d'Église, pas d'écoles.

Nous ne sommes pas de ceux qui s'imaginent que tout sera sauvé en France, dès que tous les Français sauront lire. Nous n'avons pas lu, sans une très-vive indignation, ces vers mensongers et perfides de l'*Année terrible*, où le communard, accusé d'avoir brûlé la Bibliothèque, répond avec un abominable sang-froid : « Je ne sais pas lire. » Hélas! hélas! ceux qui ont brûlé le Louvre et l'Hôtel de Ville savaient lire ; ils lisaient. Ceux qui ne savent pas lire valent souvent, je le jure, infiniment mieux que ceux qui lisent mal, et l'on ne peut guère se figurer à quel degré d'abêtissement peuvent arriver les lecteurs populaires de certaines feuilles et de certains livres. Il n'est pas de conte ridicule, il n'est pas de calomnie infâme que ne croient sur l'heure ces lecteurs de bonne, de trop bonne volonté. Leur journal, rédigé par quelque étudiant de vingtième année, par quelque buveur de choppes éhonté, ce journal banal et grossier a tous les matins, à leurs yeux, cette même infaillibilité qu'on nous reproche d'attribuer, en des conjonctures solennelles, au Suppléant de Jésus-Christ. Il nous est arrivé, durant le siége de Paris et pendant la Commune, d'étudier la physionomie des pauvres ouvriers, dans le moment même où ils lisaient le *Réveil* ou le *Mot d'Ordre*. C'était l'extase. Le fakir de l'Inde est moins crédule. Voilà ceux qui ont brûlé les bibliothèques. Il faut leur apprendre à lire, d'accord; mais à BIEN LIRE.

Ne nous laissons ici entraîner à aucune concession : soyons de fer. N'imitons pas ce « libéral » qui me disait il y a quelques jours : « J'enverrais volontiers mon enfant « à une école où l'on n'enseignerait aucune « religion, et je me réserverais de lui « apprendre la mienne. » Quelle illusion ! quelle erreur ! Et y aura-t-il assez de foudres au Vatican pour la condamner ? Une école où l'on n'enseigne aucune religion est nécessairement une école où l'on enseigne l'irréligion. Car l'enfant a l'honneur d'être un être essentiellement logique. Dès qu'il ne voit pas la même doctrine éclater sur les lèvres de TOUS ses professeurs et sur celles de son père, il s'émeut, il s'étonne; disons le mot, il doute. L'enfant est une créature assez auguste, assez grande, pour ne pas comprendre que l'on garde habilement le silence sur la Vérité, dès qu'on la connaît. Il ne pourra jamais se rendre un compte exact des finasseries de notre politique ; il ne saisira jamais notre séparatisme ni nos écoles mixtes : « S'il est vrai, dira-« t-il, que Jésus-Christ soit Dieu et que « l'Église soit divine, pourquoi mon maître « d'école ne me le dit-il pas? » Donc, ne permettons pas que l'on crée pour nous des écoles sans crucifix, sans catéchisme, sans doctrine, sans Dieu. Élevons la voix, protestons. A chaque école que les solidaires osent ouvrir, répondons par la fondation de dix écoles libres, de dix écoles très-chrétiennes. Rien de plus pratique. Surtout, habituons-nous à ne pas toujours compter sur l'État. Je sais que le budget des cultes est une dette stricte dont l'État paye les intérêts ; je sais que la suppression de ce budget serait un fait monstrueux que rien ne fait directement prévoir. Mais, tout en affirmant nos droits avec modération et avec force, il faut supposer le jour où ils seraient provisoirement violés. Nous vivons en des temps de pétrole, et « demain est la grande chose. » Accoutumons-nous à nous suffire ; prenons la belle habitude d'ouvrir nos bourses et de ne les point fermer. Que ces sacrifices d'ailleurs soient sagement réglés. Faisons ce que le Christ disait à saint François : *Ordena questo amore*. Donnons à nos Écoles, comme à toutes nos œuvres, des revenus fixes plutôt que des capitaux insuffisants. Ayons des caisses centrales qui soient bien gardées et prudemment administrées. Il n'est pas de grande institution qui puisse subsister longtemps sans ces conditions prosaïques, mais vitales.

IV

Est-ce à dire que nous approuvions, sans aucune réserve, tout l'enseignement des écoles primaires? L'Église nous permet de résoudre cette question avec une entière liberté.

Nous avons eu lieu de remarquer plus d'une fois que les « classiques » de ces écoles sont fort approuvables en tout ce qui touche aux sciences exactes; mais, s'il faut dire toute notre pensée, il n'en est pas toujours de même pour les Manuels d'histoire, de géographie, de grammaire, de littérature. Que de vieilleries, que de faiblesse, quelle routine! Juste ciel, nous retrouvons ici toutes les idées grammaticales et littéraires de l'ancienne Université. Et l'histoire? C'est toujours cette vieille et stupide Histoire-bataille. Du sang, des coups d'épées, des massacres. On ne songe donc pas à écrire l'histoire chrétienne de la Famille, de l'Ouvrier, du Paysan? Comme il serait bon pourtant, dans une école de village, d'apprendre aux petits ruraux leur origine historique, leur misère aux âges passés, leur conversion par « mère Église, » leur condition au moyen âge, les progrès qu'ils doivent à Jésus-Christ, les Saints qui les ont visités, et leurs annales enfin pendant quinze siècles. Et, de même, dans les villes ouvrières, on enseignerait aux enfants une « Histoire chrétienne des populations ouvrières. » Deux livres d'ailleurs serviraient de base à l'enseignement : une petite *Histoire de France* fort élémentaire que l'on intitulerait : « La France est le soldat de Dieu, » avec cette devise que vient de prendre une Œuvre catholique, *Vivat, qui Francos diligit, Christus,* et une petite *Histoire de l'Eglise* qui pourrait avoir pour titre : « La Société de Dieu avec les hommes. » La grammaire serait réduite à vingt pages où l'on vulgariserait, avec une précision très-élémentaire, nos dernières découvertes philologiques ; à vingt pages qui, ô rare bonheur, seraient claires et où l'on n'imposerait pas à nos enfants de ces définitions ultra-abstraites que Kant lui-même aurait eu quelque peine à comprendre. En littérature, on ne serait pas assez fou pour persuader à l'enfant que l'humanité n'a jamais connu que deux ou trois siècles vraiment littéraires, sous Périclès, sous Auguste, sous Louis XIV, et l'on enseignerait au peuple la littérature du peuple, les poëtes nationaux, les chants populaires de sa religion et de sa race, les Psaumes et la *Chanson de Roland.* Cela vaudrait tout autant, je pense, que Florian et Boileau.

Nos écoles sont envahies par de petits livres médiocres qu'il faut décidément en chasser, que nous en chasserons. Les filles, à cet égard, sont encore moins bien traitées que les garçons ; mais tous, plus ou moins, sont livrés en proie à l'ennui. A ces belles petites intelligences qui se tournent si volontiers vers la lumière, à ces yeux qui s'ouvrent, à ces curiosités si bien éveillées, on ne répond le plus souvent que par des nomenclatures d'une sécheresse désespérante. Je les connais, ces horribles petites *Géographies*, avec leur énumération des 61 îles, des 16 détroits, des 18 chaînes de montagnes et des 11 caps de l'Europe. Je les connais, ces *Grammaires* plus que ténébreuses et dont je suis forcé de méditer si longuement chaque définition avant de la pouvoir expliquer à mes enfants,... quand toutefois j'y parviens. Je les connais, ces *Histoires de France* sans exactitude et sans vie, sans chaleur et sans lumière. Il est temps de les remplacer.

La plupart des Œuvres catholiques qui s'occupent de bons livres n'ont pas eu jusqu'ici le loisir de penser aux petits enfants mais elles ne sauraient plus longtemps reculer devant cette besogne nécessaire. J'en dirai autant pour les libraires catholiques, qui se montrent vraiment dignes de ce nom auguste et peuvent se regarder légitimement comme les auxiliaires de la Vérité. La librairie antichrétienne, — qu'on le sache bien, — est une des plus inexpugnables forteresses de l'Erreur : son activité est incomparable, ses succès sont éclatants. J'étudie, quant à moi, avec un soin minutieux, chacun des catalogues qui sortent de ses dangereuses officines. Avec une profonde habileté que l'on pourrait taxer d'hypocrisie, la librairie franc-maçonne et athée se garde bien d'attaquer violemment son intime ennemie qui est l'Église catholique ; elle se garde bien de chicaner sur Dieu.

Mais elle n'en prononce pas le nom et ce silence est, pour ainsi parler, un mot d'ordre qu'elle donne à tous ses auteurs. Elle met Dieu, avec beaucoup de politesse, à la porte de la science, de la littérature, de la poésie, de l'art et surtout de l'éducation. Elle le suppose non avenu, elle l'abstrait. Là-dessus, elle produit des livres bien faits, aimables, séduisants, et prétend prouver par là que, sans Dieu et sans l'idée de Dieu, il peut y avoir une éducation charmante, de charmantes familles, de charmants ménages et même de charmants enfants. Tous les ans paraissent des livres élémentaires inspirés de cette pensée que je ne crains pas d'appeler satanique et qui me font passer des frissons d'indignation dans l'esprit et dans le cœur. Au premier janvier, les tables de nos salons sont couvertes de délicieux Albums racontant les aventures de Bébé et celles de Toto : les images en sont tout à fait agréables, le texte en est spirituel. Mais Dieu est toujours ou presque toujours absent. Tels sont les livres contre lesquels il faut absolument lutter :

car il est temps que nos libraires et nos Sociétés bibliographiques s'émeuvent enfin d'un succès si préjudiciable au salut des âmes. Prenons en main le catalogue de toutes les librairies qui combattent Jésus-Christ sans le nommer... et en le nommant. A chacun de leurs livres (je dis A CHACUN) opposons un livre aussi travaillé, aussi beau, et plein de l'idée chrétienne. Commençons par les Alphabets. Il y en a tout au moins deux à faire, deux à publier : l'un qui serait tout imprégné de la pensée du Surnaturel et où l'on raconterait aux enfants, en termes lumineux et attrayants, la vie et les légendes de nos plus grands Saints, destinées à remplacer pour toujours la stupidité dangereuse des Contes des fées ; l'autre, plus spécialement français et où seraient racontées à nos garçons les plus fières légendes de notre histoire et de notre poésie nationales. Rien d'affadissant, rien d'efféminé.... Après les Alphabets, les Albums. C'est par là, peut-être, que nos adversaires séduisent le plus d'âmes enfantines, et j'ai vu des enfants chrétiens attirés eux-mêmes et ravis par ces images où l'athéisme est si habilement dissimulé. Pour lutter contre ces charmes trop puissants, nous n'aurons pas besoin de nous ruiner. L'Allemagne chrétienne possède un très-grand nombre de ces Albums de la famille que nous pourrons facilement traduire et mettre à la portée des petites imaginations françaises. J'ose recommander aux catholiques ce point de vue très-pratique et les supplier, au nom de l'Église, de conjurer ce péril. Hélas ! nous sommes trop occupés, et n'avons pas toujours le temps de songer à cette première instruction de nos enfants. Le soir, nous rentrons au logis, exténués de vingt besognes dont dix-neuf au moins sont rebutantes, et, tandis que nous nous reposons à la hâte, notre fils, dans un coin, lit souvent je ne sais quel petit livre rose ou bleu qui le perdra. Veillons.

Il nous faudra veiller aussi à l'imagerie dite religieuse. Voici bientôt vingt ans que, pour ma part, je la combats avec acharnement. Oui, je vous ai déclaré une guerre mortelle, stupides représentations, caricatures criminelles de mon grand Dieu qui est la Beauté, la Lumière, la Justice et la Miséricorde éternelles ; de mon Jésus, qui est le plus beau de tous les enfants des hommes ; de ma mère, la Vierge Marie, qui est la corédemptrice du genre humain et qui réunit en elle toutes les beautés surnaturalisées de nos mères, de nos femmes, de nos sœurs et de nos filles. Imagiers de cinquantième ordre, vous avez profané toutes ces majestés. Vous vous êtes, sans le savoir, placés bien au-dessous de ce païen qui crayonna, il y a dix-huit cents ans, une caricature de l'Homme-Dieu sur un mur retrouvé de Pompéï : lui, du moins, faisait office de païen et ne connaissait pas le soleil de la foi. Mais vous êtes chrétiens, vous, et vous insultez à une beauté que vous avez le devoir de connaître et d'aimer. Je m'arrête parfois à la porte de ces boutiques (oh ! *boutiques* est le mot), et ai la douleur d'y voir entrer trop souvent nos Frères et nos Sœurs de tous les ordres religieux. Ils se précipitent avec naïveté sur ces laideurs à bon marché et croient par là, fort sincèrement, faire un grand bien aux âmes. Oh! que je vous déteste, images ridicules qui faussez l'idée du Beau éternel dans l'esprit de nos enfants; que je vous hais, images à dentelles, à ressorts, à surprises; lyres, pigeons, orangers stupides; échelles sur lesquelles grimpent des colombes à l'air bête; cœurs que Dieu attire en haut par des ficelles invraisemblables; flèches, carquois, fleurs, flammes factices qui trouvez le moyen de rabaisser à la fois en nos intelligences l'idée admirable de la Lumière et celle de la Chaleur. Et vous, petites mamans, poupées mécaniques que l'on ose étiqueter du nom de la mère de Dieu, de ce nom devant lequel tremblent les Anges; horribles petites femmelettes qui n'avez rien de vigoureux, rien de chrétien et semblez faire un héroïque effort pour garder perpétuellement votre visage sans expression et votre bouche en cœur....

Il faut balayer tout cela.

Car nous sommes la race chrétienne, une race très-noble et très-fière qui, depuis dix-neuf cents ans, a traduit en d'admirables œuvres le visage admirable de Jésus son Dieu et de Marie sa mère. Déjà, aux Catacombes, nous avons eu des inspirations divines et avons modelé (de mémoire, pour ainsi parler), la tête du Christ toute resplendissante de beauté. Puis, sortis de ces caves sublimes, nous avons reproduit, sur les mosaïques de nos basiliques primitives, l'image, quelquefois imparfaite, mais toujours majestueuse, de notre Dieu fait homme. Les siècles, cependant, se sont écoulés, et nous avons tour à tour créé l'art roman et l'art gothique. L'anatomie y est, hélas! trop souvent méconnue, et ce n'est plus l'art antique avec sa parfaite connaissance du corps humain. Mais à défaut du *corpus pulchrum,* voici que nous avons la *mens pulchrior*. Voici ce que l'antiquité n'a pas connu : des mains qui se joignent, des yeux qui prient, des âmes qui éclatent sur des visages surnaturalisés. Vienne Raphaël, et nous possèderons enfin ces deux éléments de toute beauté, *mens pulchra in corpore pulchro*, que nous devons immortellement essayer de combiner et de fondre dans toutes nos œuvres artistiques. Et voilà aussi ce qu'il nous faut reproduire dans l'imagerie qui est destinée aux yeux de nos enfants. Je demande instamment qu'on applique à l'imagerie catholique le vers si célèbre de Juvénal : « *Maxima debetur puero reverentia.* » Je demande qu'on habitue les jeunes yeux au Beau comme les jeunes intelligences au Vrai et les jeunes volontés au Bien. Ces trois choses se pénètrent et sont également augustes. Il est étrange qu'on tienne encore si peu de compte de la Beauté.

Une œuvre a été spécialement créée dans le but de régénérer, disons le mot, de christianiser l'imagerie religieuse : c'est celle de Dusseldorf. Combattre une aussi excellente institution, ou seulement cesser de l'encourager sous prétexte qu'elle est d'origine allemande, ce serait faire preuve d'une religion étroite et d'un patriotisme mal entendu. La Société de Saint-Jean, tout récemment fondée à Paris, voudra sans doute entrer dans cette voie ; elle essayera sans doute, à l'exemple de l'Œuvre de

Saint-Luc, de vulgariser toutes les œuvres des anciens maîtres, et en particulier celles des maîtres français depuis Lesueur jusqu'à Flandrin. On oublie trop l'école française ; il convient de la remettre en honneur. Il nous faut de petites images profondément artistiques pour les yeux mêmes des enfants de deux ans, qui s'accoutumeront au Beau et ne sauront plus s'en déshabituer. Il nous faut d'autres séries, habilement graduées, pour toutes les conditions, pour tous les âges. Il nous faut surtout un « bon marché » idéal. Je sais par expérience que, dans l'état actuel du goût public, on paye volontiers une méchante image « avec du dor dessus » deux ou trois fois plus cher qu'une bonne. « Ça fait plus d'effet, » dit-on Un tel scandale ne saurait durer plus longtemps.

Et nous aurons aussi notre *Revue d'éducation*, qui sera très-hardiment catholique. Par une sorte de fatalité, nous ne sommes jamais arrivés à pouvoir lutter victorieusement contre le texte si bien compris, contre l'imagerie si parfaite, contre la popularité du *Magasin pittoresque*. Le plus souvent, hélas ! quand nous créons une Revue, nous n'avons pas assez d'argent en caisse pour nous mettre en état d'en payer l'illustration. Alors, nous achetons çà et là une vingtaine de vieux « clichés » assortis, et, armés de ces images démodées et vieillies, nous allons trouver les auteurs de bonne volonté : « Faites-nous vite une Nouvelle ou un Roman, dans lequel nous puissions très-naturellement faire entrer *nos* illustrations. » Le pauvre romancier s'exécute ; mais au bout de peu de temps la *Revue* est exécutée. On ne fera jamais rien de durable, rien de populaire en de telles conditions. Catholiques, nous devons avoir le point d'honneur de faire aussi bien, de faire mieux que nos adversaires. C'est pour nous que les meilleurs dessinateurs doivent tailler leurs crayons, les meilleurs graveurs creuser le bois ou l'acier, les meilleures imaginations se mettre en verve, les premiers savants écrire de beaux livres de vulgarisation lumineuse sur tous les points des sciences historiques ou naturelles, les premiers économistes traiter toutes les questions politiques, ouvrières et sociales. Tout cela est à nous ; tout cela du moins peut nous appartenir. Mais il faut le vouloir.

Je n'ai plus guère, pour achever ce qui concerne l'enseignement primaire, qu'à parler des Cantiques. S'il en est que nous ne puissions entendre sans avoir des larmes plein les yeux, parce qu'ils éveillent en nous les plus purs, les plus profonds souvenirs de toute notre vie, il en est d'autres, il en est trop dont la banalité est vraiment désolante. Certains airs sont empruntés à je ne sais quels *tralala* du siècle dernier; certaines paroles sont écrites dans le plus mauvais style « troubadour. » Un nouveau Recueil est devenu nécessaire. On pourrait en demander les éléments aux meilleurs cantiques de l'ancienne Collection, aux plus grands poëtes de notre langue, notamment à Corneille et à Racine, et enfin à quelques traductions nouvelles des hymnes du Bréviaire. Quant à la musique, il est, dans les manuscrits du moyen âge, certaines mélodies très-simples d'hymnes et de proses qui ont été abandonnées et qu'on pourrait reprendre. Mais surtout l'Allemagne catholique nous offre ici d'incomparables ressources, et que nous commençons seulement à connaître depuis quelques années. J'enverrais là-bas un bon musicien en mission scientifique; je lui donnerais la tâche de recueillir tous les airs sincèrement populaires qu'il entendrait chanter dans les petites églises rurales. Les paroles elles-mêmes en pourraient être utilisées: car elles sont généralement simples et pieuses. La question, ce me semble, vaut la peine d'être étudiée. « Dis-moi ce que tes enfants chantent, je te dirai ce qu'ils deviendront.»

V

L'instruction secondaire! Est-ce ici le lieu d'en parler quand on ne peut le faire sans indignation? En vérité, c'est par là que nous avons été vaincus; c'est par là que nous sommes occupés à périr. Malgré ses imperfections, notre instruction primaire est encore animée de l'esprit chrétien ; mais que dire de la plupart de nos Colléges français ? Je ne veux point signaler l'insuffisance de l'enseignement religieux, qui est devenu une spécialité isolée et uniquement confiée à un professeur particulier. Mais j'entends parler de tout le système. Voilà un pauvre enfant qui frappe à la porte d'un Collége : il a dix ans ; il entre. J'affirme que pendant huit années on lui enseignera des mots, et non pas des idées. Les magnifiques langages de la Grèce et de Rome, on les lui apprendra... au point de vue des bonnes expressions. « Tel mot est plus élégant, telle tournure est plus heureuse. Cette expression se trouve dans Cicéron ; telle autre qui se lit en Pline n'est peut-être pas aussi pure, et c'est une latinité qui déjà commence à se flétrir. Soyons cicéroniens, et cicéroniens avant tout. Faisons pendant huit ou dix ans des thèmes et des versions ; puis, des versions et des thèmes. On n'en saurait jamais trop faire. Des mots, des mots, toujours des mots. Si nous pouvions, juste ciel, arriver à écrire un discours latin, cor rect et sonore : ce serait le couronnement de l'édifice. « Mais avant tout, ajoute-t-on « sachez que les Païens seuls sont arrivés « ici-bas à la perfection de la forme litté- « raire. Encore n'ont-ils atteint ce sommet « qu'à deux moments de l'histoire. En de- « hors de ces quelques années, il n'y a « rien qui soit digne de vous servir de mo- « dèle. » Voilà pourquoi l'on n'enseigne, en nos Colléges, ni notre langue étudiée dans ses origines, ni notre histoire littéraire, ni notre art national. L'Art, d'ailleurs, y est considéré comme une chose d'agrément, au même degré, ou peu s'en faut, que la gymnastique et l'escrime. Je vois encore le sourire méprisant avec lequel mon proviseur considérait tous ceux qui prenaient des leçons de musique. Cela les détournait des thèmes. Nous sortons de nos Colléges sans seulement savoir s'il a existé un certain Raphaël et un nommé Beethoven. L'égalité, la rigoureuse et incontestable égalité de tous les arts entre eux, de la Poésie et de la Musique, de l'Éloquence et de la Peinture, est absolument méconnue. C'est encore l'éducation de 1640, et nous n'y avons presque rien changé. Seulement, en 1640, on avait la foi, qui élevait tout et sauvait tout. Mais aujourd'hui notre éducation par les mots se complique trop souvent d'une incrédulité, d'un scepticisme monstrueux. Tout semble perdu.

« Je cesse d'être pratique, dira-t-on, et voilà des objurgations bien inutiles. » Nullement, et j'arrive à mes conclusions. Les catholiques, à la suite de brillants combats, ont conquis depuis longtemps la liberté de l'enseignement secondaire. Ils ont leurs institutions ecclésiastiques, leurs couvents, leurs petits séminaires. « Quand je passe devant un petit séminaire, dit avec raison l'un des plus grands esprits de ce temps, tout mon sang se remue et se réjouit dans mon cœur. Mon sang chrétien, mon sang français. Le petit séminaire est l'école nationale. Ces enfants aimeront Dieu et la France. » Rien n'est plus vrai, et j'ajouterai qu'à raison même de leur liberté, nos petits séminaires sont des champs ouverts à la réforme de l'enseignement. Nous avons là de quoi faire cent colléges types, et il est de notre honneur de prendre cette initiative d'une reconstitution de l'enseignement. Je souhaite donc (sans vouloir donner à mes vœux une précision qui paraîtrait, à juste titre, de la présomption et de l'arrogance), je souhaite que désormais, dans tous nos petits séminaires, l'étude des idées domine toujours celle des mots ; que l'on y explique les classiques païens eux-mêmes à l'aide de l'histoire et de l'archéologie ; que l'histoire littéraire et celle de l'art conquièrent enfin dans l'enseignement une place honorable et vaste ; que notre langue, notre art, notre littérature nationales y soient l'objet de cours spéciaux qu'il faut ouvrir demain ; qu'on ne sorte pas de ces études sans connaître *Roland*, qui est notre Iliade, et Villehardouin, qui est notre Hérodote ; qu'on n'habitue pas les enfants à estimer seulement deux ou trois époques littéraires dans toute l'histoire de l'humanité, mais qu'on leur fasse bien comprendre que toute littérature offre un intérêt puissant par cela même qu'elle est humaine ; que les classiques chrétiens pénètrent enfin dans ces sanctuaires qui leur sont particulièrement réservés ; que saint Augustin et saint Léon, que Prudence et saint Avit y entrent lumineusement sans chasser Cicéron et Virgile où l'on fera voir les traces de la révélation et les approches du christianisme ; que, dans l'histoire, on étudie les institutions et les idées autant que les faits, et que de nouveaux Manuels, de nouveaux classiques, depuis longtemps attendus, soient enfin écrits d'après cette méthode ; que l'enseignement de la géographie soit confié à un professeur de sciences, et que toutes les sciences reçoivent une dilatation nouvelle ; que les « leçons de choses, » les excursions scientifiques ou religieuses, les herborisations, les pèlerinages, les voyages à la Töppfer viennent de temps en temps rompre la monotonie un peu excessive d'une vie sagement régulière et disciplinée; que l'élément viril, voire même quelque peu militaire, domine toute cette éducation destinée, je le sais, à former des prêtres de Jésus-Christ, mais des prètres essentiellement militants et à moitié soldats. Je ne propose d'ailleurs toutes ces idées que fort humblement et les soumets à l'autorité compétente, devant laquelle je m'incline avec un respect très-profond. Les Évêques sont nos pères : ce qu'ils feront sera bien fait.

Telle doit être l'action des catholiques sur l'enfant ; je vais essayer de dire ce qu'elle doit être sur le peuple. Le sujet est encore plus délicat. Mais, après tout, je crois parler chrétien, et n'ai pas peur.

VI

Un grand évèque, et qui s'est particulièrement occupé à résoudre la question ouvrière, Mgr Mermillod, nous a tout récemment tracé notre programme : « Voici, nous a-t-il dit, le triple devoir que nous avons à remplir très-énergiquement : croire au peuple, espérer en lui, l'aimer. »

Et l'illustre orateur ne craignait pas d'ajouter :

« Le seul moyen d'élever le peuple, c'est de nous incliner sur lui. On a dit que la Création repose sur un plan incliné, et vous avez sans doute remarqué la belle synonymie de ces deux mots : *Inclination*, *tendresse*. Inclinez-vous sur le peuple. Multipliez les écoles et les associations. N'épargnez rien et ne vous épargnez pas. Mais surtout mêlez-vous au peuple. Écoutez avec tendresse les lamentations de son âme, et aimez-le comme une mère aime son petit enfant, son fils unique. Aimer ainsi, c'est ÉLEVER dans toute la force de ce mot. Faites ce que saint Vincent de Paul a fait, et vous serez vainqueurs. »

Ces magnifiques paroles sont toute une règle de conduite, et il les faudrait graver très-profondément dans la mémoire de notre cœur. Ajoutons seulement que notre amour pour le peuple doit toujours être uni à un très-profond respect. Et ce respect, nous le devons au dernier des misérables, à cause de son âme pour laquelle a coulé le sang de

Jésus-Christ. Mais, dans notre grand désir de sauver l'âme, ne négligeons jamais le corps. Si les Œuvres de miséricorde corporelles ont toujours eu, dans l'Église, plus de popularité que les spirituelles, si Notre-Seigneur ne parle point de celles-ci dans le célèbre texte de l'Evangile où il promet le ciel à ceux qui l'auront vêtu, visité et nourri, ce n'est pas, croyez-le bien, sans un très-grave dessein de la Providence. Les soins donnés au corps sont plus faciles, ils sont plus aisément praticables à un plus grand nombre de chrétiens. C'est par là surtout que l'on se fraie un chemin jusqu'à l'âme du pauvre, c'est par là qu'on le conquiert à Dieu. Développons, avec une vigueur nouvelle, toutes nos entreprises de charité, et surtout cette œuvre des œuvres qui est la Société de Saint-Vincent de Paul. C'est, en vérité, la pépinière de toutes les autres œuvres, c'est celle qui leur fournit à la fois leur personnel et leur esprit. Si un étranger me disait : « Je n'ai qu'une heure à passer à Paris. Faites-moi voir ce qui honore le plus votre pays et cette cité ; »

je le conduirais à une séance de quelqu'une de nos Conférences, que je choisirais au hasard. Continuons à aimer cette œuvre, à la soutenir très-énergiquement, à empêcher que le zèle ne s'y assoupisse, à lui conserver la fraîcheur d'une immortelle jeunesse. Le jour où elle mourrait, toutes les autres seraient plus qu'à moitié mortes. C'est la Branche mère.

Or, si nous voulons qu'elle vive, cette Société mère et type, continuons, comme nous l'avons fait jusqu'ici, à la rendre absolument étrangère à toute opinion et même à toute tendance politique. Là-dessus, soyons d'une inexorable sévérité. Il me semble, quant à moi, qu'une goutte de fiel politique suffirait à ternir et à empoisonner des océans de charité.

Dans les temps où nous vivons, il nous faut aussi avoir beaucoup d'indulgence pour les antécédents de nos pauvres. La Miséricorde doit prendre à tâche de rivaliser de proportions avec le Mal, et la victoire doit toujours rester à la Bonté. Le poëte de notre temps qui s'est le plus indignement attaqué à l'Église, Victor Hugo, à toutes les pages de ses derniers livres, nous accuse, et plus particulièrement les femmes chrétiennes, de garder toujours au fond du cœur un je ne sais quel mépris pour ceux ou celles qui ont une fois péché. Il part de là pour en arriver à sa trop fameuse théorie : « C'est la société qui est mauvaise, et non pas l'homme. » Nous n'avons pas mérité un tel reproche ; nous saurons ne le mériter jamais. On ignore tout ce qu'un cœur catholique peut contenir, tout ce qu'il contient d'amour. Il s'agit de concilier cet amour pour le coupable avec l'horreur que le mal doit nous inspirer et qu'il inspire plus naturellement encore à nos femmes et à nos filles. Cette conciliation est possible quand on a sous les yeux ces modèles de charité parfaite : Jésus, Marie, les Saints.

VII

Nous nous sommes beaucoup trop défiés du principe de l'association, et la juste terreur du socialisme nous a trop longtemps glacés. Aujourd'hui, grâce à Dieu, nous avons compris tout ce qu'il y a de profondément chrétien dans l'Association. Je dis que nous pouvons sans crainte aller dans cette voie jusqu'à ce que nous y rencontrions nettement le socialisme, lequel s'appelle de son vrai nom « le Despotisme. » Les Sociétés de secours mutuels, les Sociétés coopératives se sont multipliées. Tant mieux! Tout cela est bon, mais ne l'est que naturellement, et il faudrait le surnaturaliser.

Une des pensées qui sont les plus chères aux fondateurs d'œuvres, c'est la résurrection des Corporations ouvrières. Pensée digne de ces âmes généreuses, et qu'il faut longuement étudier. Il est certain que le principe des Corporations est excellent, mais que son application au moyen âge a été imparfaite et défectueuse. L'élément religieux fut alors dominé trop souvent par l'élément politique ; la condition MATÉRIELLE des Compagnons n'était pas assez heureuse, et, à ce point de vue tout au moins, nous pouvons encore prétendre à mieux. Mais il est deux principes que nous ne devrons jamais abandonner : le « groupement par métiers » quand il est possible, et le « patronage de chaque métier confié à un saint spécial. » A notre gré, les statuts des nouvelles Corporations devraient être avant tout religieux. « Mais, direz-vous, ce seront des Confréries. » Précisément. Et, en effet, les Corporations ouvrières ont commencé par être des confréries. Lorsque, au onzième siècle, après les terreurs et les affres de l'an mil, on ressuscita, autour de nos églises en ruines, les *collegia* des anciens Romains, ce furent de véritables confréries qui sortirent alors du sol chrétien. Et elles mirent bravement la main à la reconstruction de nos cathédrales, sans vouloir accepter de salaire. Et on les entendit chanter des cantiques devant les murs sacrés qui montaient vers le ciel, et on les vit aimer passionnément Jésus-Christ et son Église. Tel fut l'esprit de cette grande institution. Or, ce n'est pas la lettre, mais l'esprit que nous prétendons ressusciter.

VIII

Cette pensée sur la lettre et l'esprit me fournit une transition fort naturelle pour parler de l'âme du peuple et de l'instruction qu'il convient de lui donner. C'est avant tout l'instruction religieuse. Hors de là, pas de salut dans cette vie ni dans l'autre. Si on lui enlève la croyance en l'autre monde, l'homme du peuple devra nécessairement et légitimement réclamer l'égalité en celui-ci, et il la réclamera, en effet, avec une formidable logique, le grincement aux dents, la rage au cœur, le chassepot au poing. C'est une vérité par trop élémentaire. « Ah ! s'écrie-t-il, mon âme n'est qu'un ferment, et Dieu n'est qu'une hypothèse. Vous m'enlevez la crainte gênante de l'Enfer, vous m'arrachez l'espérance gracieuse du Paradis. Eh bien ! crainte et espérances ôtées, il ne nous reste plus que la terre. Nous la voulons, et NOUS L'AURONS [1]. »

1 Mgr MERMILLOD, *La Question ouvrière.*

Ici encore nous n'avons pas d'œuvre à fonder. Il n'est pas de petite paroisse rurale où le catéchisme ne soit la base nécessaire de l'enseignement religieux. L'œuvre admirable de la Doctrine chrétienne, fondée par le saint abbé Prével, vient, dans les grandes villes, au secours de toutes les intelligences que n'aurait pas atteintes la grande lumière du catéchisme. Des laïques y enseignent les éléments de la vérité catholique sous la direction et avec la bénédiction des prêtres de Jésus-Christ. Ce n'est pas, rassurez-vous, cette « invasion des laïques dans le sanctuaire » dont on s'est fait jadis un tel épouvantail : non, c'est le laïque évangélisant modestement à côté du prêtre, comme le font les catéchistes dans les missions de Chine ou de Corée ; c'est l'ouvrier travaillant à la cathédrale sous les ordres de l'architecte. Il faut encourager cette œuvre dont l'avenir est immense et qui peut, à bon droit, passer pour une véritable mission.

Une œuvre sœur, celle des Saintes-Familles, répand plus particulièrement la vérité avec la joie : elle mérite les mêmes éloges. Les laïques y trouvent également une noble place, celle que la bonne mère Église veut bien leur permettre de prendre. Notre siècle est celui de l'apostolat laïque. Or, cet apostolat n'a point pour but de dominer le prêtre, mais de se mettre sous sa direction, de lui ouvrir les voies et de le rendre plus sacré et plus grand. Les laïques sont des pionniers, et non pas des envahisseurs.

Il reste au prêtre catholique une besogne encore trop vaste. Accablé, écrasé sous le poids de son ministère, il ne peut songer à tout, principalement dans les grandes villes et surtout à Paris. J'entendais un saint religieux jeter tout récemment ce cri d'alarme : « Les ouvriers ne sont pas évangélisés. » Il parlait de Paris. Il ajoutait que, le peuple ayant presque partout déserté l'église, on ne songeait plus guère à la prédication qui lui convient. Nos prédicateurs sont forcés de se préparer, ils se préparent EN VUE D'UN AUDITOIRE BOURGEOIS ET LETTRÉ. Le prône seul a gardé le caractère populaire qu'il a toujours revêtu dans l'Église. Encore a-t-on quelque peine à trouver une parole simple et un orateur littérairement évangélique. Un curé de Paris, disait l'autre jour, devant moi : « Quand trouverai-je un prédicateur qui prêche seulement Jésus-Christ ? » L'école oratoire du P. Lacordaire (je ne dis pas « le P. Lacordaire, » notez-le bien) nous a fait, sans le savoir, un grand mal. Elle a introduit dans la chaire je ne sais quelles habitudes poétiques, périphrasesques, et, pour tout dire, romantiques, qui sont fatales à la prédication populaire. Il n'est pas rare d'entendre, à Paris, de fort beaux discours sur le rôle social de la femme, sur l'histoire de la civilisation, etc., etc. Ces sermons seraient excellents s'ils n'étaient pas le plus souvent prêchés devant un auditoire de mères de famille qui remplissent le chœur de l'église, et devant quelques pauvres gens qui circulent dans les bas côtés et ne savent pas souvent le premier mot de leur catéchisme. J'ai entendu à Rome, le vendredi saint, à Saint-Louis des Français, une Passion fort remarquable qui ne dura guère moins de deux heures et qui était divisée ainsi qu'il suit : « Les Préludes. — La Crise. — Le Dénoûment. » Et les bons Romains, fort étonnés, disaient en sortant de là : « Ça, c'est la Passion française. » Ils critiquaient par là tout le système. Disons-le bien vite : ce système a fait son temps ; sa gloire expire et son règne est passé. Le saint archevêque que Dieu vient d'envoyer au diocèse de Paris comprend, avec sa grande intelligence et son grand cœur, qu'il faut évangéliser ces terres lointaines qui s'appellent les faubourgs de Paris, Montmartre, Charonne, Belleville. On va y organiser de nouvelles missions auxquelles se préparent déjà (nous le savons) de jeunes prêtres pleins de zèle. C'est l'aurore, et nous la saluons d'un grand cri de joie.

Tout va se modifier, tout va se transformer en vue de cette évangélisation des petits, des ouvriers, des pauvres. Par la faute des événements, le peuple n'occupe plus sa véritable place dans la liturgie catholique et n'y joue plus son véritable rôle. Il ne chante plus, il ne comprend plus. Nous croyons qu'il est absolument nécessaire de rétablir, tout au moins dans les paroisses populaires, la pratique admirable du chant unanime des fidèles. Ainsi se passent les choses dans une partie de notre France, en Allemagne, en Suisse. Tout le monde, à l'église, prend sa part vivante à l'office. Deux beaux demi-chœurs se répondent et chantent chacun un verset. Rien de plus facile à établir qu'un tel usage : l'école des Frères fournit les éléments d'un premier chœur; l'école des Sœurs ceux d'un second. Avec un curé zélé comme nous en avons tant et après trois mois, oui, TROIS MOIS seulement de patience, on arrivera à changer toute la physionomie du chant religieux. Mille voix de plus qui chantent, ce sont mille âmes de plus qui aiment le bon Dieu. Ne serait-il pas possible de créer, dans les églises où cette institution n'est pas encore établie, une grand'-messe ouvrière, si je puis parler de la sorte, où tout le monde chanterait à pleine voix et (je le dis tout bas, tout bas) où l'on ne payerait point les chaises. Mais Gros-

Jean veut en remontrer à son curé, et, pour le coup, voici l'invasion du laïcisme dans le sanctuaire.

IX

J'arrive à ces œuvres tout particulièrement bénies, qui se proposent d'atteindre toute la classe ouvrière, de la saisir et de l'étreindre avec amour, pour la jeter enfin sur le cœur de Jésus-Christ. Il y a quatre ou cinq mois à peine, dans une petite chambre du quartier Montparnasse, se réunissaient quatre jeunes hommes, énergiquement catholiques et remplis d'une ardente affection pour l'ouvrier. Je dois ajouter que, parmi ces quatre apôtres, trois étaient mariés, et j'attache à cette constatation une certaine importance. Car il y a dans nos œuvres je ne sais quelle singulière prévention contre le mariage. On s'imagine trop volontiers qu'il est fatal à l'activité charitable et l'on va jusqu'à répéter le mot célèbre : « C'est un piége. » Je rencontrais dernièrement un honnête homme qui s'indignait de trouver dans Joinville (hélas!) le récit des très-charmantes et des très-pures amours de Marguerite et de saint Louis... Donc ils étaient trois sur quatre qui étaient mariés, et ils fondèrent courageusement l'Œuvre des Cercles catholiques d'ouvriers.

Cette œuvre, en cinq mois, a fait un beau et grand chemin dans le monde. Elle a ouvert trois Cercles et les a voulu construire sur le modèle de celui de Montparnasse qui existe depuis vingt ans et est appelé à devenir le prototype de tous les autres. Trois ou quatre autres Cercles sont à la veille d'éclore à notre soleil. Et enfin, l'Œuvre a, depuis un mois, trouvé dans Paris son centre intellectuel et moral. Une chapelle, rendue au culte, a été de nouveau consacrée sous le titre auguste de « Jésus ouvrier. » A l'ombre de cette chapelle où Jésus est descendu, où il a re trouvé son tabernacle, où il habite, les membres de l'Œuvre sont aujourd'hui occupés à créer une vaste Bibliothèque ouvrière «avec prêt intérieur et prêt externe.»

Demain, ils feront mieux encore : ils créeront là une sorte d'Université ouvrière, oui, des cours d'histoire, d'art industriel, d'économie politique, avec des conférences *de omni re scibili*. Ils ne craindront pas de s'adresser aux plus spirituels conférenciers, aux plus savants professeurs, et ne sont pas hommes, croyez-le bien, à se contenter d'*à peu près*. Car ils veulent saisir le vrai peuple (ce qu'on n'a guère fait jusqu'à ce jour) et sauver des milliers d'âmes populaires ; car ils veulent faire jaillir du sol de Paris toute une génération lumineuse d'ouvriers catholiques qu'ils distribueront en communautés, ou plutôt en confréries sous le patronage des saints de l'atelier. Le temps n'est pas loin, espèrent-ils, où l'on verra les fêtes patronales de tous les métiers se célébrer dans la chapelle de Jésus-ouvrier devenue trop petite et qui se transformera en une véritable cathédrale. On verra passer, dans nos rues sanctifiées, au lieu des gros canons qui ne convertissent pas, les bannières des Corporations nouvelles, qui attesteront la conversion du peuple. Les esprits seront éclairés, les cœurs seront apaisés, on se pardonnera, on s'aimera, on fondera de belles familles nombreuses que Dieu bénira et multipliera dans la concorde et dans la joie... C'est un rève, n'est-ce pas? Eh bien! ce rêve commence à se réaliser. Nous avons déjà des patrons chrétiens, nous avons des groupes nombreux d'ouvriers chrétiens qui tous les dimanches viennent s'instruire, s'aimer, se convertir et se réjouir au sein de nos Patronages d'apprentis et de nos Cercles d'ouvriers. Bientôt peut-être le jour viendra où nous pourrons songer aux campagnes et y créer des asiles purifiés pour l'ouvrier redevenu chrétien. En attendant, voilà l'œuvre de l'avenir; voilà celle qu'il nous faut soutenir de notre argent, de notre temps et, au besoin, de notre sang et de notre vie. Le jour où nous aurons dans Paris vingt Cercles en pleine prospérité, un 18 mars deviendra rigoureusement impossible. Dans cette espérance, tout au moins, il y a quelque chose de pratique.

X

Ce qui est tout à fait pratique, c'est la diffusion des bons livres, et elle devient de plus en plus utile. Vous connaissez ces Collections à 25 centimes, ces petits livres athées que nos adversaires popularisent et répandent par milliers. Hier, on me montrait une *Histoire des origines de la Révolution*, à 6 sous. Et je lisais tout à l'heure une petite *Histoire populaire du christianisme* se terminant par cette affirmation monstrueuse que : « le Christianisme a toujours été le fléau des intelligences et des mœurs. » Or, cela se vend, ou plutôt se distribue partout. Nous ne sommes pas encore arrivés, ce semble, à lutter contre ces pamphlets avec une efficacité suffisante. C'est qu'en effet nous sommes moins actifs que les révolutionnaires ne se l'imaginent. Notez cependant que nous possédons les plus grandes imprimeries du monde, avec la possibilité d'un bon marché à l'abri de toute concurrence. Il convient de publier de petits livres à 10 centimes, où la Vérité soit très-clairement mise en lumière; de petits Manuels d'histoire (oh! beaucoup d'histoire), de littérature et de science. Refaisons la *Bibliothèque bleue* et, au lieu de romans stupides, mettons-y les analyses de nos vieux poëmes nationaux, avec les vies des grands saints, des bons ouvriers et des soldats au brave cœur qui ont le mieux servi leur pays et Dieu. Une Société française des *tracts* se fonde en ce moment, à l'exemple de l'Angleterre, pour répandre les bonnes et saines idées, non plus au moyen de petits livres qu'on n'a pas toujours le loisir de lire, mais par de simples feuillets où l'on traitera fort brièvement les principales questions d'économie politique, de religion et d'histoire. On peut dire beaucoup de choses en vingt lignes; on les dira. Les *tracts* se feront lire. Ils seront répandus par milliers, par millions. L'ouvrier saisira quelqu'une de ces feuilles au passage, et s'écriera : « C'est pourtant vrai ; ils ont raison. » Et nous arriverons ainsi à détruire chaque jour quelque vieille rancune sociale, quelque préjugé historique, quelque erreur.

Le vice de toutes les Sociétés de bons livres est, en général, de vouloir tout faire à nouveau. Qu'elles consentent à utiliser les bons livres publiés soit par les autres Sociétés, soit par les libraires ; qu'elles les répandent sans même avoir la prétention d'y mettre leur estampille ou leur cachet ; qu'elles les fassent servir au Bien, au Beau et au Vrai. Il y a là une simplification de travail qui est bien faite pour séduire tous les esprits pratiques. Ne nous taillons pas de ces grandes besognes devant lesquelles nous serons un jour forcés de nous croiser les bras. Allons, allons : mettons-nous à l'œuvre. Non pas demain, mais ce soir.

XI

Il me semble que, tout à l'heure, j'ai eu quelque vivacité contre les Œuvres nouvelles. Le dirai-je ? il est cependant une Œuvre dont je réclamerais la fondation. Et je vais ici cesser de parler des classes populaires pour passer aux classes lettrées, sur lesquelles il faut aussi que notre action s'exerce.

Cette œuvre à fonder, je l'appellerais la Société d'apologétique.

Bien souvent, depuis quelques années, je me suis convaincu que nous n'étions pas assez préoccupés de répondre scientifiquement aux objections dont on prétend tous les jours accabler la Vérité catholique. J'ai dit : « Scientifiquement. » Car il ne manque point parmi nous d'esprits fins et de grandes intelligences qui répondent à nos adversaires par un bon sens agréablement aiguisé ou par la raillerie. Mais j'affirme que la Science vaut mieux. Il est incontestable que nous vivons dans le siècle de la critique, et la critique est mille fois préférable à la plaisanterie délicate, au persiflage, voire même à la colère, oui, à la plus sainte colère. Or, nos Facultés de théologie (pour des causes qu'il est inutile de rappeler) sont loin d'être aujourd'hui les arsenaux de la science ecclésiastique. Combien, à une époque où chaque mot de chacun des versets de la Bible est attaqué par cent érudits athées, combien pouvons-nous compter d'hébraïsants en France ? Vingt peut-être. Encore y en a-t-il à peine quatre ou cinq qui se trouvent en état de répondre, plume en main, à ces attaques incessantes dont le Texte sacré est l'objet. Tout récemment, la *Revue des Deux-Mondes* publiait le ravail d'un débutant sur les Israélites et leur Dieu (ou, comme on dit à la *Revue*, sur le culte de Iaveh chez les Beni-Israel). Eh bien ! les rédacteurs en chef des Revues et journaux catholiques ont dû se donner quelque peine pour rencontrer des exégètes qui pussent répondre à ces vieilleries mal rajeunies. La Société d'apologétique, dont je propose la fondation, ferait cesser un tel état de choses ; elle veillerait à ce qu'aucune objection grave contre l'Église ne passât sans être étudiée avec soin ; elle veillerait surtout à ce qu'on y répondît selon toutes les règles de la Science et de la Critique la plus sévère. Cette Société, qui pourrait se rattacher à notre Société bibliographique, créerait des prix annuels sur des questions apologétiques dont elle préciserait le programme. Elle couronnerait les meilleurs Mémoires qui lui seraient adressés, comme aussi les plus scientifiques publications dirigées contre les ennemis de l'Église. Elle ferait imprimer à ses frais les manuscrits qui lui offriraient le plus de garanties. Elle tendrait la main à toutes les *Revues* que préoccupe le même souci de l'apologétique. Elle fonderait enfin les chaires libres d'exegèse, d'hébreu et d'histoire ecclésiastique. Un tel but est difficile, mais non pas impossible à atteindre. Il est véritablement digne des catholiques de notre temps.

XII

La Société d'apologétique serait d'ailleurs une excellente préparation à ces Universités catholiques que nous réclamons aujourd'hui, que nous posséderons demain. Il faut nous occuper très-vivement de ces fondations nécessaires, et d'où dépend peut-être l'avenir des Catholiques français. L'argent, nous l'aurons ; les hommes, nous ne les avons pas, et il faut en faire. C'est la mission de cette « Société d'éducation et d'enseignement » qui a déjà rendu tant de services. Elle avait fondé, il y a quatre ans, toute une série de Cours et de Conférences qui ne furent pas sans quelque utilité, et témoignèrent à la fois de notre faiblesse et de notre force. Des hommes, des hommes, il nous faut des hommes. Car nous n'entendons pas ouvrir, dans nos Universités, de ces cours pompeux et vides, comme il s'en professe tant en notre France livrée aux rhéteurs. Nous voulons des cours solides, et non point des cours « éloquents. » Pas de rhétorique : des idées. Pas de phrases : des faits. Autour d'une table modeste, quelques élèves se réuniront sous l'œil d'un professeur instruit ; ils prendront au cours une part active, ils travailleront, ils raisonneront, ils parleront. Le professeur leur laissera une large initiative, et ne sera en quelque manière que le premier et le plus intelligent de leurs collaborateurs. Tel est le système des Universités allemandes, et, il est bon. Tenons-nous-y. Déclarons la guerre à ces leçons d'apparat, où l'on voit un monsieur, ganté de blanc, venir débiter de charmants discours, pleins de finesses et surtout d'allusions. Nous ne savons pas, hélas! l'A B C de beaucoup de choses, et ces jolis messieurs vont, durant une belle grande heure, nous parler de l'histoire du sonnet sous le règne de Louis XIV, du rôle littéraire des femmes à la cour de François Ier, de l'influence politique et sociale du *Lutrin*, etc., etc., etc. Nous sommes ignorants : instruisons-nous. Commençons notre éducation, et commençons-la par le commencement. Encore un coup, silence aux phraseurs !

La fondation d'une Université catholique n'est pas chose aussi difficile qu'on pourrait le penser. C'est une grande erreur de croire qu'il faille fonder un grand nombre de chaires : quatre ou cinq peuvent d'abord suffire, par faculté. Attendons-nous à voir ici la province nous donner l'exemple : elle sera prête avant nous. Je sais un grand évêque qui, le soir même du jour où passera la loi si désirée de l'enseignement supérieur, pourra inaugurer le premier cours de son Université épiscopale. Il se gardera bien d'emprunter à Paris les professeurs de ses facultés : il a trouvé facilement le moyen de se suffire avec les seules ressources intellectuelles de son diocèse. A cet effet, il a groupé autour de lui quatre ou cinq médecins chrétiens, avec quatre ou cinq avocats qui (chose plus rare) ne sont pas moins dévoués à l'Église. Il a sous sa main ses théologiens, ses naturalistes, ses littérateurs. Cela suffit. Il a son personnel, il attend, et trouve même que la loi tarde bien à venir.

Imitons cette prudence et ce zèle intelligent. Ne perdons pas notre temps à discuter des questions stériles ; ne nous demandons pas si nous devons fonder une ou plusieurs Universités catholiques. Laissons faire le temps, et occupons plus utilement les quelques mois qui nous restent encore avant notre complet affranchissement. Jetons d'avance les yeux sur le futur personnel de notre enseignement supérieur; préparons-le, pétrissons-le, faisons-le. Rouvrons nos Conférences et nos Cours libres que la guerre a interrompus. Faisons un voyage de découvertes à la recherche de bons et savants professeurs. Essayons les hommes : c'est la plus sûre utilité de cet enseignement provisoire fondé par la Société d'éducation. Aujourd'hui ce sont les semailles; mais demain ce sera la joie, la belle et longue joie de la moisson. Aujourd'hui, il fait froid, il fait nuit, il fait triste, et nous jetons le grain dans un sol inconnu; mais demain les champs seront dorés par les épis; demain nous récolterons des intelligences catholiques. *Qui seminant in lacrymis in exsultatione metent.*

XIII

Dans ces Universités catholiques (nous en aurons dix, nous en aurons vingt), nous désirons que l'Art tienne une place aussi élevée que la Science. Aujourd'hui, il n'y a plus d'écoles, il n'y a même plus de sectes. Chaque artiste s'enferme en son atelier, où il est entouré d'une petite troupe de thuriféraires plus ou moins bohèmes qui, toutes les cinq minutes, s'écrient à travers la fumée de vingt pipes : « Quel talent, grand Dieu, « quel talent! » Chaque peintre, chaque sculpteur a son génie, il suit sa voie, il attend la postérité. Par malheur, l'ignorance de ces hommes de génie est véritablement prodigieuse. On ne les voit jamais ouvrir un livre, et ceux qui se mêlent de peinture religieuse ne sont pas, hélas! les moins ignorants de tous. Ils n'en sont, d'ailleurs, que plus fiers, et leur ignorance est un fleuron qu'ils ne voudraient pas détacher de leur couronne. O Raphaël, ô peintre-théologien, où es-tu?

J'ai prononcé tout à l'heure le nom du Comité de l'Art chrétien. C'est ce comité qui vient de choisir saint Jean pour son patron, à l'imitation d'une Confrérie artistique que le P. Lacordaire avait fondée à Rome en 1839 : « Nous avons, disait le grand orateur, placé cette confrérie sous la protection de saint Jean, parce que saint Jean, apôtre, évangéliste, prophète, fut, de tous les amis du Christ, celui qui pénétra le plus avant dans les mystères de la beauté et de l'amour divin, ces objets éternels de la contemplation des vrais artistes. »

La nouvelle Société prétend bien devenir, elle aussi, une véritable Confrérie, presque un Tiers ordre. Elle entend, d'ailleurs, ne pas s'enfermer uniquement dans la contemplation muette de l'idéal. Elle a le très-ferme vouloir d'être avant tout pratique; elle le sera. L'hiver prochain elle ouvrira au centre de Paris un cours d'esthétique chrétienne. Elle l'ouvrira devant cette très-païenne École des Beaux-Arts, qu'elle a l'ardent désir et la vocation de christianiser ; elle l'ouvrira, s'il le faut, sous les sifflets des rapins qu'elle transformera en artistes. Le Comité de l'Art chrétien affirmera nettement les principes, ou plutôt le Principe de l'Art. Il remontera à Dieu, à Jésus-Christ, à l'Église, et fera voir que toutes les œuvres artistiques se divisent en trois groupes, suivant qu'elles se rapportent à l'un ou à l'autre de ces trois termes de la Vérité. Notre professeur d'esthétique parcourra tous les sentiments de l'âme humaine : la Douleur, la Joie, la Prière, et mille autres ; il les prendra l'un après l'autre, il les étudiera avec subtilité ; puis, s'élançant dans le passé, il montrera quelle expression tous les peuples vraiment dignes de ce nom leur ont successivement donnée. Il ne craindra pas surtout de faire de l'art comparé, et de placer, à côté des marbres, des tableaux et des harmonies célèbres, les œuvres des grands orateurs et des grands poëtes. Car, ce sont les reflets de la même Beauté, et, encore un coup, il n'y a pas d'inégalité possible entre ces réverbérations diverses du même Soleil divin. Telle sera cette chaire d'esthétique chrétienne, et nous espérons bien en voir fonder une autre dans chaque Université catholique. En attendant, la Société de Saint-Jean prépare cette heureuse réhabilitation de l'Art chrétien par la création d'un jury qui pourra être appelé à prononcer son verdict sur les œuvres de l'imagerie religieuse et par la publication de toute une série de Manuels populaires, où sera résumée l'histoire de l'Art à toutes les époques. M. Rio a voulu que son nom fût attaché au premier de ces petits livres. Quand on aime l'art comme M. Rio, le cœur ne vieillit pas, on est jeune à quatre-vingts ans.

Et maintenant, comme l'a dit le P. Lacordaire : « Plaise à Dieu, source unique des choses qui durent et qui profitent, de bénir le dessein des fondateurs de cette œuvre. Si quelques âmes, attirées à leur commerce, recouvrent assez de lumière pour passer de la vie des intérêts à la vie du dévouement, ils ne l'attribueront pas à eux-mêmes, mais à Celui qui ressuscite les morts, et dont la main, toujours étendue, ne s'ennuie jamais de chercher les cœurs las pour les rafraîchir, les cœurs vides pour y mettre le goût de l'infini, les cœurs brisés pour leur donner un ressort à l'abri des coups qui ne sont que mortels ! »

XIV

Tant d'efforts généreux pour l'enseignement supérieur et pour la diffusion de toutes nos œuvres resteront stériles, s'ils ne sont pas énergiquement appuyés par la presse. Un journal catholique! quelle mission. Je citais tout à l'heure d'admirables paroles qu'inspirait à M. Louis Veuillot la vue d'un de nos petits séminaires : je voudrais avoir cette vigueur d'accent pour saluer le journalisme militant qui se met vaillamment et humblement au service de l'Église. Rendre un compte exact, tous les jours, de tout ce qui s'est dit, ou fait, dans l'univers entier, pour ou contre le Bien, le Beau et le Vrai ; avoir une telle finesse d'entendement, qu'on puisse deviner la plus petite attaque contre l'Église et y répondre par avance avec une énergie savante et modérée ; ne laisser passer aucun fait sans éclaircissement, aucune objection sans réponse : c'est une fonction dont, en vérité, il est permis d'être fier. Toutes les fois qu'il m'arrive d'ouvrir le *Times* et de me promener dans ces arpents de papier noirci, je me dis que chacun de nos journaux devrait avoir, non pas cette étendue (le papier est trop cher), mais cette sûreté et cette universalité d'informations. Eh ! ne portons nous pas, nous catholiques, un nom qui signifie « universel? » N'avons-nous pas des frères dans toutes les régions du monde? Ne possédons-nous pas en tous lieux des églises et des missions? Ce sont là des correspondants tout trouvés. En usons-nous? Sommes-nous suffisamment informés? Offrons-nous à nos lecteurs la primeur nécessaire des nouvelles politiques et littéraires, et même des nouvelles religieuses? Avons-nous une conception vaste, encyclopédique, du journalisme et du journal? Avons-nous la belle prétention d'être complets, d'être universels? Tenons-nous notre public au courant de toutes les choses intellectuelles, de toutes les œuvres d'art, de tous les livres? Nos *Revues*, qui ont plus de loisirs pour être savantes, abordent-elles réellement toutes les questions de jour? Voit-on leurs rédacteurs en chef se mettre, pour chaque question controversée, à la recherche ardente des hommes compétents, et, comme le disent les Anglais, des *hommes-*

questions ? Lorsque, par exemple, on attaque un verset du *Livre de Job*, le directeur de chacun de nos périodiques se demande-t-il anxieusement : « Où est l'homme de « France qui sait le mieux cette langue « et qui connaît le plus profondément ce « livre ? » Lorsqu'on agite la question de la Genèse, se dit-il : « Où est notre meilleur « chimiste, notre meilleur géologue? » Bref, et pour repéter à dessein un mot déjà prononcé, nos *Revues*, toutes nos *Revues*, sont-elles au courant de la science contemporaine ? Sont-elles impartiales, savantes, véritablement encyclopédiques, et, pour tout dire en deux mots, dignes de la cause auguste qu'elles défendent?

Je pose ces questions, et n'y répondrai pas. Loin de moi surtout la vilenie, la lâcheté des allusions !

Cependant il y faudrait songer et ne laisser dans cette sphère aucun avantage à nos adversaires. La *Revue des Deux-Mondes* n'est pas invincible, non plus que cette agence Havas dont le monopole inquiète parfois les consciences les plus endormies.

Il y a quelques mois, un catholique très-intelligent a tenté d'opposer à ce système d'informations trop souvent passionnées contre l'Église une entreprise nouvelle qui fût d'allure chrétienne. Il a fondé une œuvre qui déjà réussit et qui, si les Catholiques le voulaient bien, en viendrait bientôt à être une puissance. Vous voyez qu'en ce moment mille voies sont ouvertes. Entrons-y, vive Dieu! et marchons-y, les mains et les cœurs entrelacés. La terre ne demande qu'à être conquise à Jésus-Christ. Elle attend, elle soupire, et nous hésitons!

XV

J'ai achevé de passer en revue tout ce qui se rapporte à notre triple action sur l'enfant, sur le peuple, sur le monde. J'ai réservé pour la fin, les plus nécessaires, les plus augustes, le plus vitales de nos œuvres, celles qui ont DIRECTEMENT pour objet l'Église et le salut des âmes. Telles sont la Propagation de la Foi, la Sainte-Enfance, le Denier de Saint-Pierre. Dieu me garde de donner vaniteusement quelque conseil aux directeurs de ces admirables institutions. Je pense seulement qu'elles pourraient encore « produire » davantage et qu'elles ne font peut-être pas une propagande assez ardente. Je connais certaines familles profondément catholiques qui ne donnent pas le sou de la Propagation, parce qu'on ne vient pas le leur demander et qu'elles l'oublient. Nos adversaires s'imaginent volontiers que nous pressurons, que nous saignons à blanc les populations chrétiennes. Il n'en est rien et nous sommes d'une modération vraiment excessive. Un petit pays catholique, tout voisin du nôtre, la Belgique, nous donne l'exemple d'un apostolat peut-être plus vigoureux. Il y a là-bas des hommes. Je me faisais tout récemment raconter par l'un d'eux la fondation des premières conférences de Saint-Vincent de Paul à Gand, à Ostende et dans les provinces environnantes. C'est vraiment un récit de l'Église primitive et digne des *Actes des Apôtres.* « Le matin, me disait ce grand catholique, j'allais demander à mon évêque de quel côté de l'horizon il désirait que j'allasse fonder des Conférences. Il m'indiquait le levant ou le couchant, le nord ou le midi, et nous partions. Et nous ne revenions pas le soir sans avoir fait deux ou trois de ces fondations pour les pauvres de Jésus-Christ. » Il me citait un seul homme (quelle récompense il aura là-haut !) qui avait, à lui seul, fondé cent cinq Conférences. Voilà de l'activité, de l'énergie, de la vie. Nous avons mille fois prouvé que nous sommes fort capables d'en faire autant.

La Belgique nous conteste quelques-uns de nos grands hommes, et les réclame pour elle. Elle assure que Charlemagne et Godefroi de Bouillon sont Belges. Je n'en crois rien. Mais, du moins, ne laissons pas à la jeune Belgiqne la gloire d'être plus catholique que la vieille France. Songeons à notre droit d'aînesse, et à ce baptistère de Reims où saint Remy nous a tous baptisés en baptisant Clovis.

XVI

Puisque j'ai parlé de la France, je ne puis, en finissant, éviter une question qui est sur les lèvres de tous mes lecteurs : « Quels sont les devoirs des Catholiques français dans les circonstances présentes ? » A cette question si simple il faut répondre très-simplement : « Les Catholiques doivent faire leur devoir de Français en même temps que leur devoir de catholiques. » Ces quelques mots en disent bien long ; ils disent tout. Il y a longtemps que nos adversaires cherchent à imaginer une contradiction entre notre amour pour l'Église et notre dévouement à la Patrie ; mais il y a longtemps aussi qu'ils reçoivent un incessant démenti. L'histoire de France est pleine de cet amour que les Catholiques ont porté à la France. C'est nous, Catholiques, qui avons réellement créé la France ; c'est nous qui, avec Charles-Martel, avons jeté pour toujours les Sarrasins loin de nos frontières ; c'est nous qui avons mis Charlemagne sur le trône du nouvel empire ; c'est nous qui chassions les Normands des murs de Paris ; saint Louis et Jeanne d'Arc nous appartiennent : c'étaient nos chefs dans le grand combat contre les Infidèles et les Anglais. Sur tous nos champs de bataille le sang catholique a coulé à torrents, et même, depuis que la société moderne a déclaré la guerre à l'Église, c'est encore le sang des Catholiques qui est le plus volontiers offert, le plus utilement accepté. Aujourd'hui, nous ne faillirons pas à ce passé et, sans nous effrayer de certaines menaces, nous nous offrirons une fois de plus. Une fois de plus nous ferons notre devoir et aiderons à sauver le pays.

Ce devoir, nous le remplirons simplement, sans bruit, sans phrases. Où que la Patrie nous enverra, nous irons. Certaines missions sont modestes, nous les accepterons ; certains postes sont périlleux, nous les occuperons. Amis de l'autorité nous obéirons à l'autorité, et donnerons cet exemple utile. C'est à nous qu'il appartiendra peut-être de relever en France la Discipline , la Hiérarchie , l'Obéissance, choses augustes qu'un vent mauvais a précipitées à terre. Nous ferons tout ce qu'on nous commandera de faire, les yeux tournés vers le ciel et nous demandant uniquement si Dieu nous approuve et si les Anges ne se retirent pas de nous.

Le Devoir, c'est bien ; mais ce n'est pas encore assez. Les Catholiques, aujourd'hui, sont strictement obligés à être encore des hommes d'espérance. Leur langage, leurs actes ne doivent traduire aucune défaillance. Sur la place publique, à leurs foyers, ils doivent s'obstiner à espérer tout bas, à espérer tout haut. C'est ce que fait Pie IX, qui parle tous les jours au Vatican avec une si admirable éloquence et qui, du fond de cette prison illuminant le monde, n'a jamais prononcé une parole, une seule parole de découragement. Les Catholiques sauront imiter leur pontife et leur roi. Fils de Jésus-Christ, ils ont ce père pour modèle et savent qu'après le Calvaire la Résurrection viendra. La France en est aux trois jours de sépulture ; demain, elle aura sa Pâque resplendissante. Mais elle ne l'aura que si nous l'espérons. Dieu met notre salut au prix de notre espérance.

XVII

Dans la dernière partie de ce travail, j'ai essayé de faire voir quelles sont nos forces; dans la seconde, j'ai voulu montrer quelle doit être notre action. Il me reste à dire quelques mots sur cette réconciliation, sur cette union des âmes sans laquelle toutes nos forces sont condamnées à être stériles et toute notre action à être nulle.

Le Pape a élevé la voix; il souhaite cette concorde, il la juge désirable, utile, nécessaire. Dieu me garde d'ailleurs de donner à ces admirables paroles un commentaire qui soit de nature à blesser ou seulement à contrister un de mes frères soit dans l'un, soit dans l'autre camp. Il serait vraiment lamentable qu'un appel à l'union servît ainsi à raviver les haines.

Il y a longtemps que, devant nos tristes divisions, plusieurs Catholiques avaient déjà jeté un cri de douleur; il y a longtemps que, dans leur très-humble sphère, ils avaient osé convier tous leurs frères à un amour dont les derniers événements attestent trop clairement l'absolue nécessité. Je ne me repens pas d'avoir été de ceux-là. Quelle que soit mon indignité, je dois aujourd'hui, je dois supplier très-vivement tous les Catholiques de ne pas laisser tomber peu à peu en je ne sais quelles demi-ténèbres la lumineuse parole de Pie IX, mais d'en faire leur devise et leur règle de vie. Il ne faudrait pas qu'après avoir lu l'allocution pontificale, chaque parti pût s'écrier.... en parlant de l'autre : « Il l'avait « mérité. C'est bien fait. »

Mais, en réalité, les deux partis ont compris, et voici qu'ils se mettent généreusement à s'aimer. La concorde est facile : car, sous ces intelligences qui se combattent, on sent d'excellents cœurs et qui voudraient s'aimer. Il y a deux groupes d'esprits, soit ; mais tous les cœurs se ressemblent et sont sincèrement chrétiens. Le temps fera le reste.

Ces déplorables discordes ont eu plusieurs causes; mais il en est une que je dois signaler : c'est que les Catholiques de France, et, en particulier, ceux de Paris, ne se rencontrent nulle part, ne se voient jamais, ne se parlent pas. Ils vivent isolés, et nos journaux sont trop souvent comme autant de forteresses où chaque parti s'enferme en se défiant de l'autre. Cette situation ne saurait se prolonger. On est toujours tenté de pardonner beaucoup à quelqu'un dont on a entendu la voix, dont on a serré la main. On se dit : « C'est un brave « cœur, » et, vite, l'on efface un mot aigre, une allusion méchante, une attaque injuste ou passionnée : « Non, décidément, cela lui « ferait trop de peine. » Mais les choses vont tout autrement, quand on ne se connaît point. On s'irrite, on s'aigrit, on n'hésite pas à frapper, on ne se repent pas de l'avoir fait trop durement, et... l'on recommence. Je connais des hommes qui sont charmants *de visu* et deviennent absolument insupportables la plume à la main. Nous ne nous voyons pas, nous ne nous aimons point. Qu'elles soient donc bénies, ces Œuvres qui, comme la Société bibliographique, songent à préparer un terrain commun où tous les défenseurs de l'Église pourront se tendre la main et s'ouvrir le cœur! Déjà nous avions le Cercle catholique pour notre jeunesse des Écoles ; mais cette œuvre excellente ne répond pas au but que nous indiquons. Elle est faite pour concilier les jeunes cœurs et non pas, chose plus délicate, pour réconcilier les vieux. Un nouveau Cercle (je me sers de ce mot à défaut d'autre) s'ouvrira prochainement: on y verra sans doute l'image de Pie IX, qui nous rappellera sans cesse à la concorde, à l'amour. Nous apprendrons à nous estimer ; nous nous convaincrons aisément que nos adversaires (s'il est permis de se servir ici d'un tel mot), ne sont pas des êtres féroces et absolument intraitables. Sans jamais descendre à faire UNE SEULE CONCESSION DE PRINCIPE, nous en ferons mille dans la forme. Nous établirons très-clairement quelle est l'étendue de notre terrain commun, et nous engagerons plus vaillamment le combat contre les ennemis de Dieu, de Jésus-Christ, de l'Église.

XVIII

Pour livrer ce grand combat pacifique, nous sommes tout prêts à ouvrir largement nos rangs.

Qu'ils viennent à nous tous ceux qui croient profondément aux Vérités fondamentales ; à l'existence d'un Dieu personnel ; à la distinction et à la sanction du Bien et du Mal ; à l'immortalité de notre âme.

Qu'ils viennent à nous tous ceux qui sont attachés aux lois de la Morale et de l'Ordre universels ; tous ceux qui croient que la Tradition est chose respectable ; qu'il faut construire l'avenir avec le passé ; qu'on n'improvise rien, surtout en politique ; qu'on doit se contenter de reprendre, de continuer et de parfaire les institutions qui, chez tous les peuples et en tous les temps, ont donné visiblement les meilleurs résultats ; que, sans le respect et la hiérarchie, aucune société n'est possible ici-bas ; que l'obéissance est la loi qui soutient le monde social.

Qu'ils viennent à nous tous ceux qui croient que nous serons sauvés, le jour où les riches aimeront véritablement les petits, comme Jésus les a aimés ; le jour où les petits, se sentant ainsi respectés et aimés, ne haïront plus les puissants et leur tendront leurs cœurs.

Qu'ils viennent à nous tous ceux qui, suivant les idées d'un publiciste célèbre, désirent le retour loyal à la Coutume chrétienne dans la famille et dans l'atelier, et qui (je ne veux d'ailleurs préjuger ici aucun point de droit) veulent très-simplement rendre au Père, au Maître, au Patron, la plénitude d'une autorité respectée et d'une responsabilité souveraine.

Nous ne repousserons aucun concours loyal : tout conservateur honnête, convaincu, courageux et croyant en Dieu, pourra devenir notre allié et nous aider à reconstruire ce pauvre monde en ruine, que des mains athées démolissent tous les dix ans et voudraient tout à fait anéantir. Voilà la seule union des honnêtes gens qui soit possible ; voilà la seule à laquelle appartienne l'avenir.

XIX

Mais l'union des hommes ne suffit pas : il nous faut arriver à l'union des œuvres.

Oui, il est nécessaire que toutes les œuvres catholiques aient enfin un lien qui centuple leurs forces en les unissant très-étroitement. Reste à trouver le mode pratique d'arriver pour toujours à cette union si désirable. Est-ce un Conseil central où chaque œuvre sera représentée par un ou plusieurs membres ? Est-ce un Congrès périodique ? Est-ce un Comité permanent, assisté par un certain nombre de conseils provinciaux ? Je n'ai pas la compétence nécessaire pour décider un cas si épineux. Mais la liberté qui est laissée aux Catholiques leur fait un devoir d'étudier cette question. Nous n'avons pas besoin, d'ailleurs, de réclamer ici le patronage de l'État, mais seulement le droit commun. Ne demandons qu'à être libres. Nous n'userons jamais d'une telle liberté qu'en pleine et vive lumière, sans société secrète, sans mystères, dans la seule pensée de régénérer notre pauvre pays, pour l'honneur de Dieu et pour la paix du monde.

Dernièrement, comme nous l'avons dit, une de nos Œuvres catholiques de Paris choisissait pour devise ces magnifiques paroles, tirées du Prologue de la loi salique : *Vivat, qui Francos diligit, Christus.*

Mais il est une autre devise qui résume mieux la pensée dominante de ces quelques pages. Je la propose volontiers à tous ceux qui ont l'honneur d'aspirer parmi nous à l'union des honnêtes gens :

« C'est par la foi qu'on arrive à la cha-
« rité ; c'est par la charité qu'on arrive à
« l'unité.

« PER FIDEM AD CHARITATEM ; PER CHARI-
« TATEM AD UNITATEM. »

SAINT-QUENTIN. — IMP. JULES MOUREAU.

SOCIÉTÉ

BIBLIOGRAPHIQUE

78, rue du Ba', 78

La SOCIÉTÉ BIBLIOGRAPHIQUE, fondée le 6 février 1868, a pour but :

1° De réunir, dans une pensée et dans une action communes, tous les hommes d'intelligence et de cœur qui, ne séparant pas les intérêts de la religion des intérêts de la science, veulent s'opposer aux progrès de l'erreur et travailler à la diffusion des saines doctrines.

2° De faciliter la connaissance des sources : dans le présent, par la publication d'une Revue bibliographique universelle tenant au courant de tout ce qui paraît en France et à l'étranger ; dans le passé, en fournissant aux membres de la Société les indications bibliographiques qui peuvent leur être utiles ;

3° De publier et de répandre au plus bas prix possible tous ouvrages, brochures, recueils périodiques, etc. rentrant dans le programme de la Société ;

Chaque Sociétaire paye une cotisation annuelle de dix francs.

Cette cotisation donne droit, entre autres, aux avantages suivants :

1° Se procurer à prix réduits les publications de la Société ;

2° Faire faire, avec remise, ses commissions de librairie par l'agent de la Société ;

3° S'adresser à la Société pour les renseignements bibliographiques dont on a besoin.

Le *Bulletin de la Société Bibliographique* est envoyé gratuitement à tous les Sociétaires.

Publications de la Société Bibliographique

QUESTIONS DU JOUR

Série de brochures sur les questions actuelles

I. **L'Instruction obligatoire**, par MAURICE D'HULST. — In-18 de 40 p. .... 25 c.

II. **Appel aux hommes de bien**, par LÉON GAUTIER. — In-18 de 92 pages.. 60 c.

III. **Causes de nos désastres**, par un officier supérieur. — In-18 de 84 p...... 60 c.

IV. **Le Mariage civil et le Mariage religieux**, par P. SAUZET. — In-18 de 72 p.............................. 50 c.

V. **Revenu, Salaire et Capital, leur Solidarité**, par le duc D'AYEN. — In-18 de 152 p..................... 1 fr.

SOUS PRESSE

VI. **Le vrai 89**, par LÉON DE PONCINS. — In-18 de 72 p.............................. 50 c.

VII. **Le Dimanche**, par MICHEL CORNUDET.

VIII. **L'Internationale**, par A. RASTOUL.

QUESTIONS POLITIQUES ET SOCIALES

DISCOURS PRONONCÉS A L'ASSEMBLÉE NATIONALE

I. **Question Romaine**, reproduction *in extenso* de la séance du 22 juillet 1871, — In-18 de 72 pages................. 30 c.

II. **Les Élections du 2 juillet**, principaux discours prononcés dans la vérification des pouvoirs. — In-18 de 36 p. 20 c.

III. **Décentralisation**, réunion de discours prononcés dans la discussion de la loi organique départementale. — In-18 de 140 p. 75 c.

IV. **L'Internationale**, *Discours* prononcé par M. Depeyre, dans les séances des 6 et 7 mars 1872. — In-18 de 36 pages...... 20 c.

NOTA. Des remises exceptionnelles sur le prix des brochures sont faites à MM. les membres de la Société Bibliographique, et aussi aux personnes qui les prennent en nombre.

Saint-Quentin. — Imp. J. Moureau.

www.ingramcontent.com/pod-product-compliance
Lightning Source LLC
LaVergne TN
LVHW020412230826
846091LV00004B/1249

* 9 7 8 2 0 1 1 7 4 6 3 6 8 *